Impressum
Verlag: BABADADA GmbH, Nedderfeld 112 , 22529 Hamburg
Geschäftsführer / Verlagsleitung: Harald Hof
Druck: Books on Demand GmbH, In de Tarpen 42, 22848 Norderstedt

Imprint
Publisher: BABADADA GmbH, Nedderfeld 112 , 22529 Hamburg, Germany
Managing Director / Publishing direction: Harald Hof
Print: Books on Demand GmbH, In de Tarpen 42, 22848 Norderstedt

школа
school

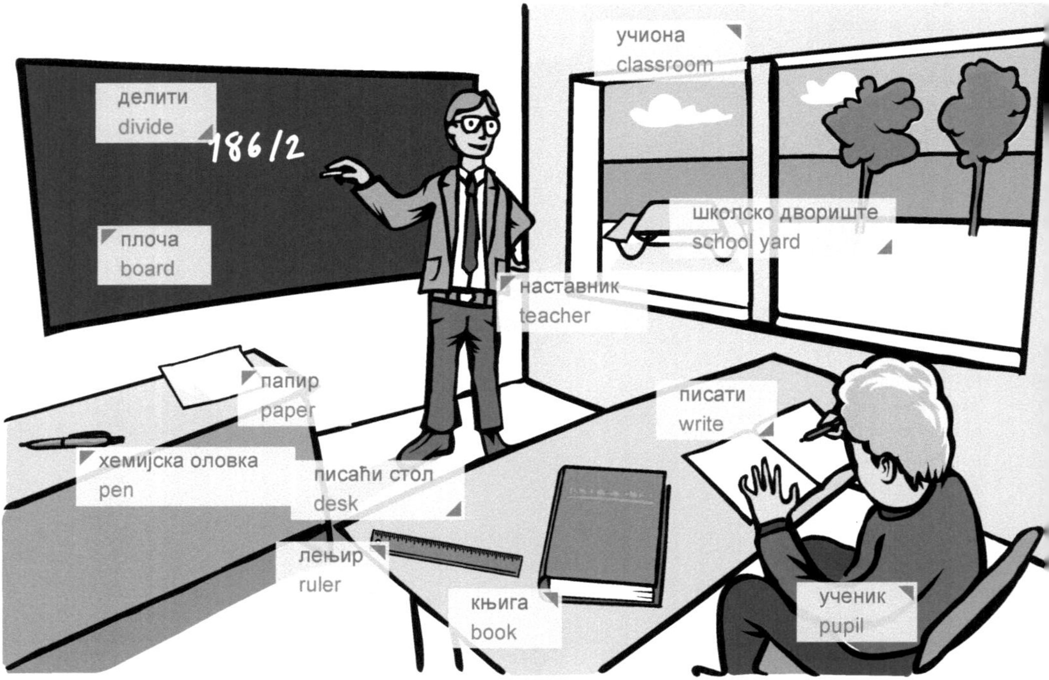

учиона
classroom
делити
divide
186/2
плоча
board
школско двориште
school yard
наставник
teacher
папир
paper
писати
write
хемијска оловка
pen
писаћи стол
desk
лењир
ruler
књига
book
ученик
pupil

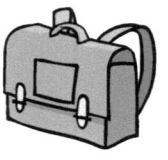

торба
satchel

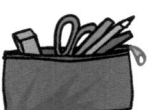

перница
pencil case

графитна оловка
pencil

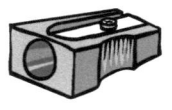

шиљило за оловке
pencil sharpener

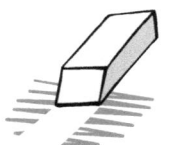

гумица за брисање
rubber

блок за цртање
drawing pad

цртеж

drawing

кист

paintbrush

кутија са бојама

paint box

маказе

scissors

лепило

glue

бележница

exercise book

домаћи задатак

homework

број

number

сабирати

add

сдузимати

subtract

множити

multiply

рачунати

calculate

слово

letter

абецеда

alphabet

реч

word

текст

text

читати

read

креда

chalk

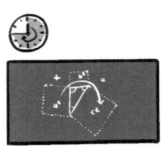

час

lesson

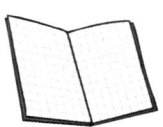

дневник

register

испит

examination

сведочанство

certificate

школска униформа

school uniform

образовање

education

лексикон

encyclopedia

универзитет

university

микроскоп

microscope

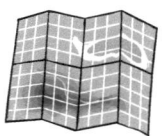

карта

map

кошара за папир

waste-paper basket

путовање

travel

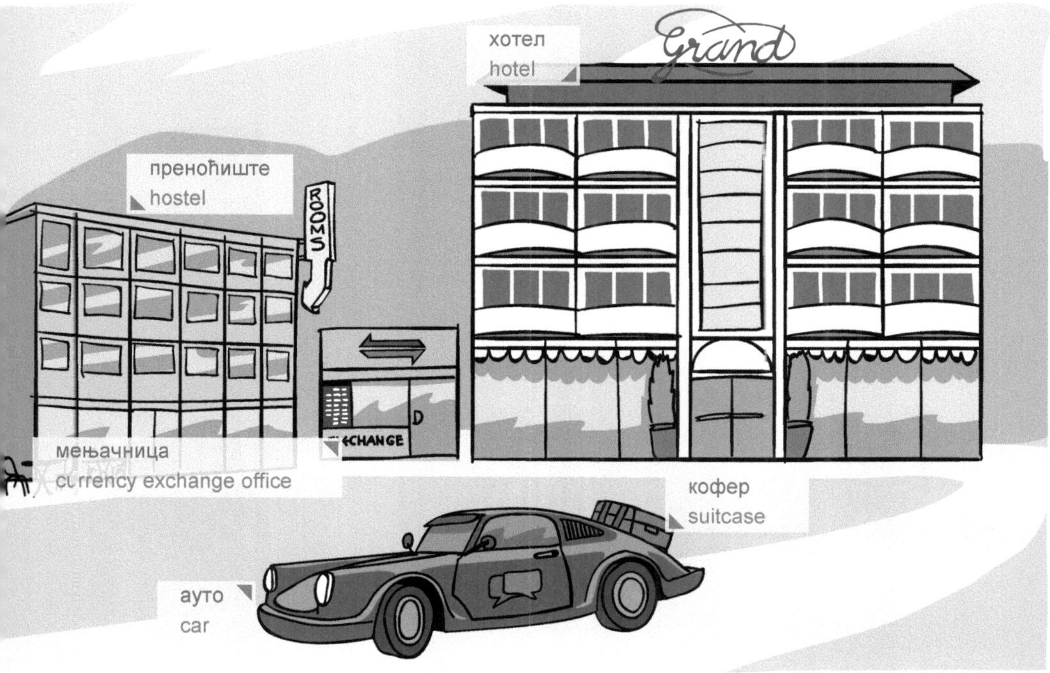

хотел
hotel
Grand
пренођиште
hostel
ROOMS
мењачница
currency exchange office
кофер
suitcase
ауто
car

језик

language

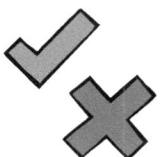

да / не

yes / no

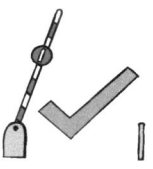

океј

Okay

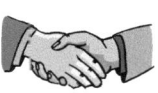

здраво

hello

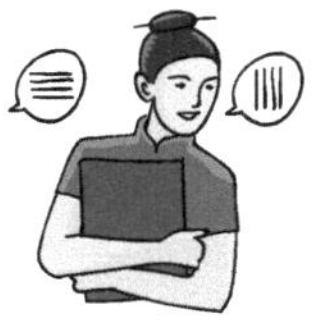

преводилац

translator

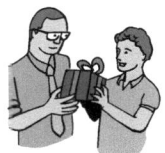

хвала

Thank you

Колико кошта...?

how much is...?

не разумем

I don´t get it

проблем

problem

добро вече!

Good evening!

Добро јутро!

Good morning!

Лаку ноћ!

Good night!

довиђења

goodbye

смер

direction

пртљага

luggage

торба

bag

руксак

backpack

гост

guest

соба

room

врећа за спавање

sleeping bag

шатор

tent

туристичке информације

tourist information

плажа

beach

кэедитна картица

credit card

доручак

breakfast

ручак

lunch

вечера

dinner

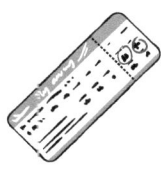

карта за вожњу

Ticket

лифт

elevator

поштанска маркица

stamp

граница

border

царина

customs

амбасада

embassy

виза

visa

пасош

passport

транспорт
transport

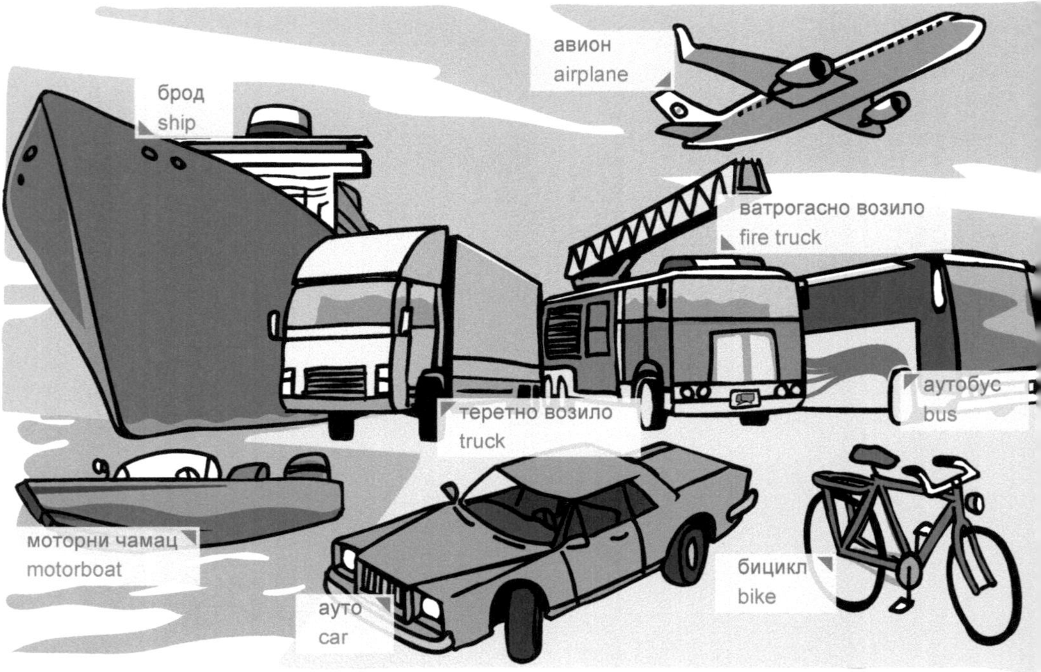
авион
airplane
брод
ship
ватрогасно возило
fire truck
аутобус
bus
теретно возило
truck
моторни чамац
motorboat
бицикл
bike
ауто
car

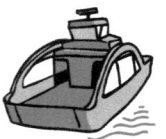

трајект

ferry

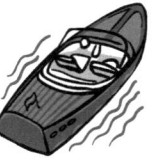

чамац

boat

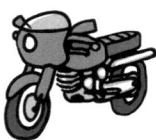

мотоцикл

motorbike

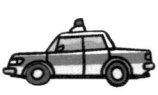

полицијски ауто

police car

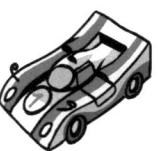

тркаћи ауто

racing car

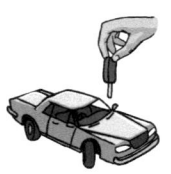

изнајмљено ауто

rental car

делење аутомобила

car sharing

вучно возило

tow truck

возило за одвоз смећа

garbage truck

мотор

engine

бензин

fuel

бензинска станица

fuel station

саобраћајни знак

traffic sign

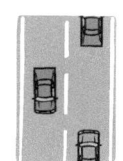

саобраћај

traffic

застој

traffic jam

паркиралиште

parking lot

железничка станица

train station

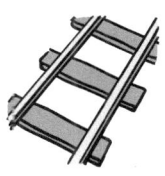

шине

tracks

воз

train

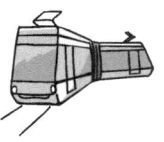

трамвај

tram

вагон

wagon

хеликоптер

helicopter

аеродром

airport

кула

tower

путник

passenger

контејнер

container

картон

carton

колица

cart

корпа

basket

узлетети / слетети

take off / land

град

city

село

village

центар града

city center

кућа

house

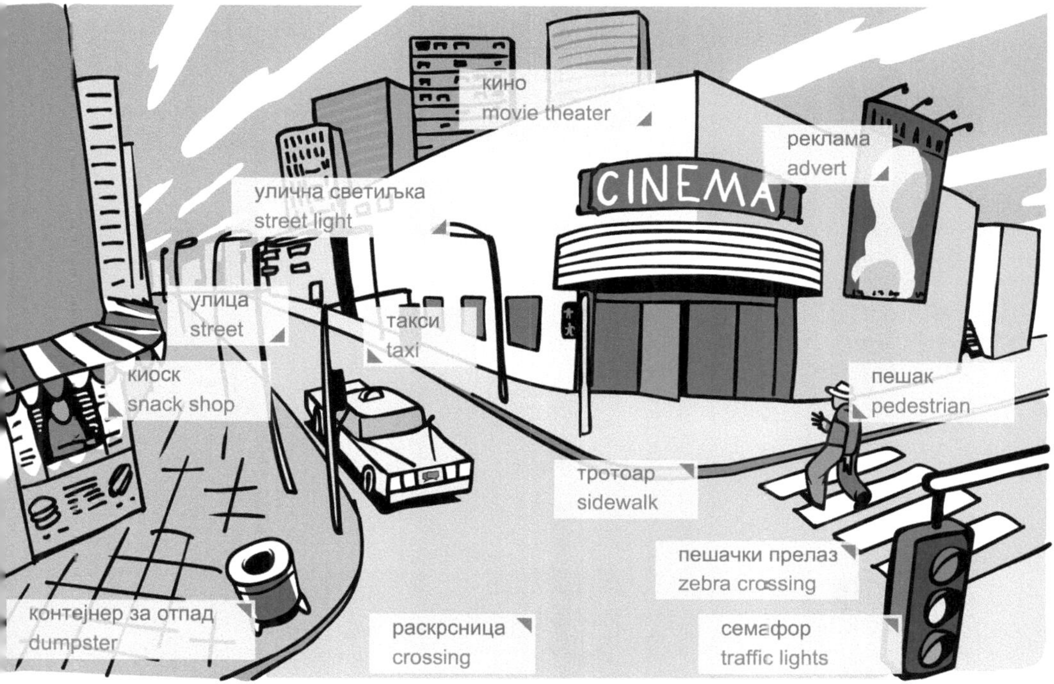

кино
movie theater
CINEMA
реклама
advert
улична светиљка
street light
улица
street
такси
taxi
киоск
snack shop
пешак
pedestrian
тротоар
sidewalk
пешачки прелаз
zebra crossing
контејнер за отпад
dumpster
раскрсница
crossing
семафор
traffic lights

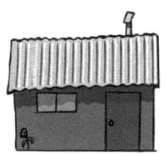

колиба

hut

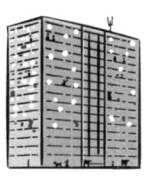

стан

apartment

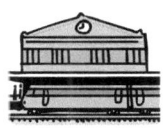

железничка станица

train station

већница

city hall

MUSEUM

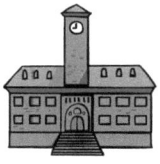

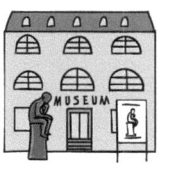

музеј

museum

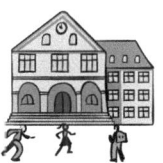

школа

school

универзитет

university

банка

bank

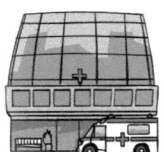

болница

hospital

хотел

hotel

апотека

pharmacy

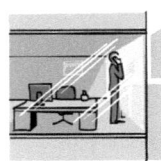

канцеларија

office

књижара

book shop

продавница

shop

цвећара

flower shop

супермаркет

supermarket

трг

market

робна кућа

department store

рибарница

fishmonger's shop

трговачки центар

mall

лука

harbor

град - city

парк

park

клупа

bench

мост

bridge

степенице

stairs

подземна железница

subway

тунел

tunnel

аутобуска станица

bus stop

бар

bar

ресторан

restaurant

поштанско сандуче

postbox

улични знак

street sign

паркирни аутомат

parking meter

зоолошки врт

zoo

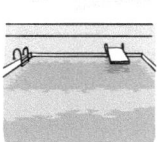

базен

swimming pool

џамија

mosque

град - city

сеоско газдинство

farm

загађење околине

pollution

гробље

cemetery

црква

church

игралиште

playground

храм

temple

пејсаж
landscape

лист
leaf

путоказ
signpost

пут
path

ливада
meadow

камен
stone

шетач
hiker

дрво
tree

река
river

трава
grass

цвет
flower

долина

valley

планина

hill

језеро

lake

шума

forest

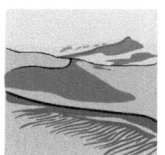

пустиња

desert

вулкан

volcano

дворац

castle

дуга

rainbow

гљива

mushroom

палма

palm tree

москито

mosquito

мува

fly

мрав

ant

пчела

bee

паук

spider

буба

beetle

жаба

frog

веверица

squirrel

јеж

hedgehog

зец

hare

сова

owl

птица

bird

лабуд

swan

дивља свиња

boar

јелен

deer

лос

moose

насип

dam

ветрењача

wind turbine

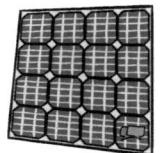

соларна плоча

solar panel

клима

climate

ресторан
restaurant

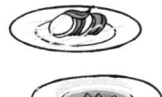

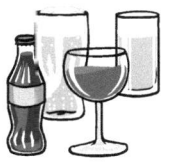

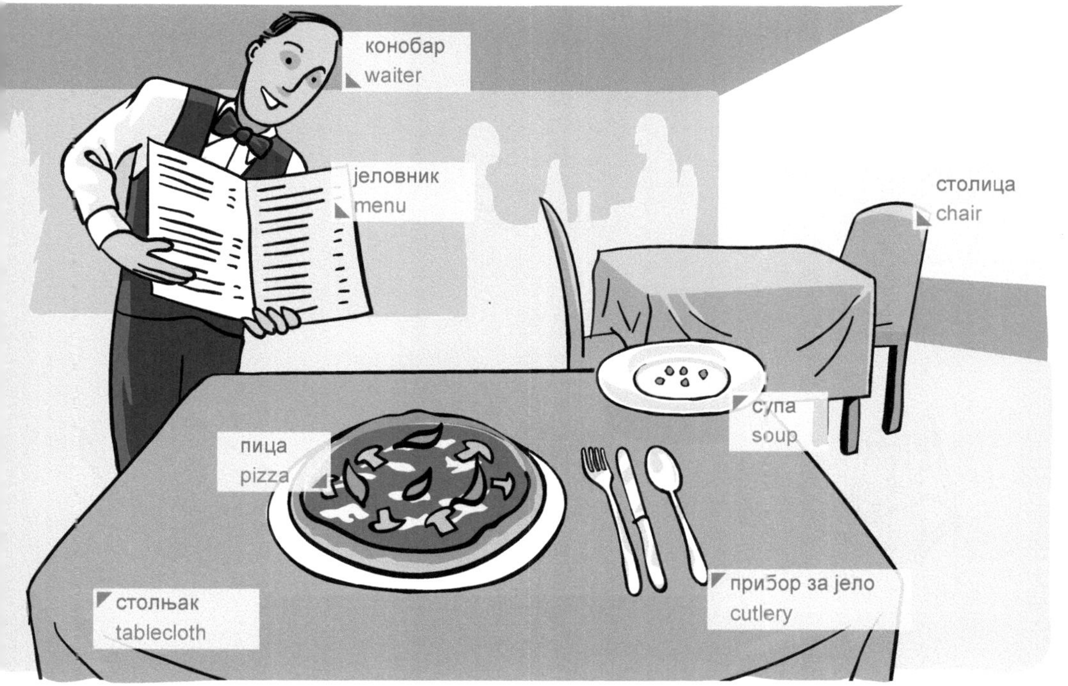
конобар
waiter
јеловник
menu
столица
chair
супа
soup
пица
pizza
прибор за јело
cutlery
столњак
tablecloth

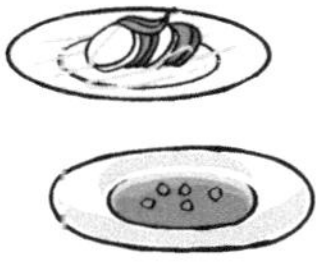

предјело

starter

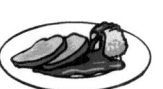

главно јело

main course

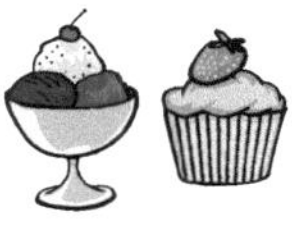

десерт

dessert

напитци

drinks

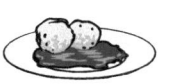

јело

food

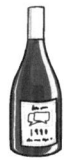

флаша

bottle

брза храна

fast food

имбис храна

street food

чајник

teapot

доза за шећер

sugar bowl

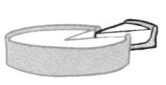

порција

portion

апарат за еспресо

espresso machine

висока столица

high chair

рачун

bill

послужавник

tray

нож

knife

виљушка

fork

кашика

spoon

чајна кашика

teaspoon

салвета

serviette

чаша

glass

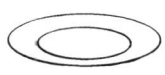

тањир

plate

тањир за супу

soup plate

тањирић

saucer

сос

sauce

сољенка

salt shaker

млин за бибер

pepper mill

сирће

vinegar

уље

oil

зачини

spices

кечап

ketchup

сенф

mustard

мајонеза

mayonnaise

супермаркет

supermarket

понуда
special offer
FOR
купац
customer
млечни производи
dairy products
воће
fruit
колица за куповину
shopping cart

BUTCHERS

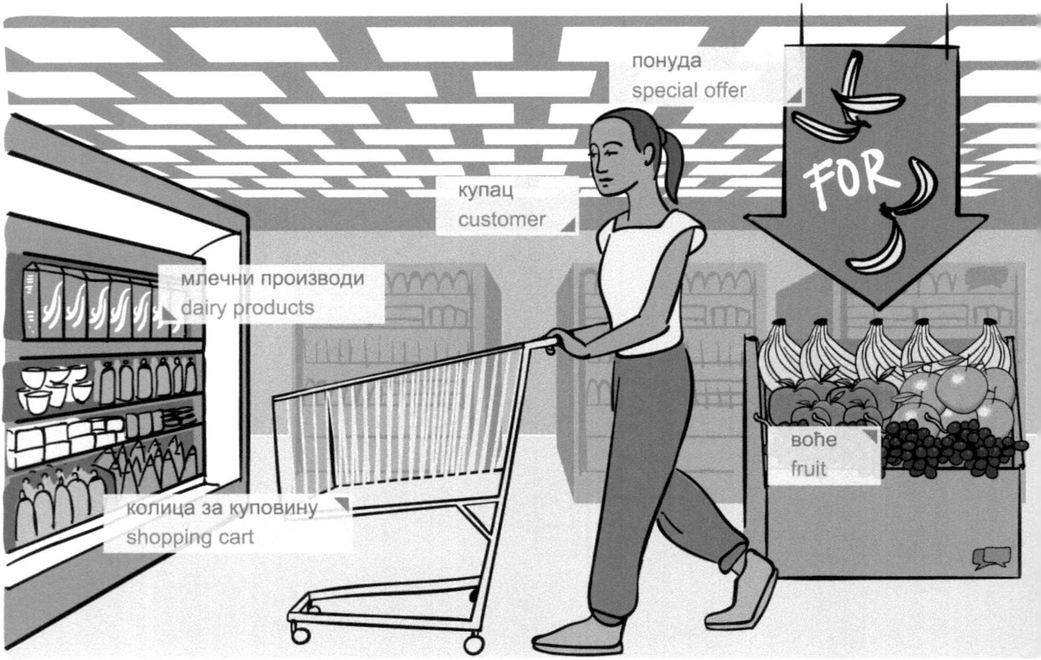

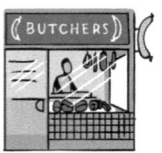

месница

butcher's shop

BAKERY

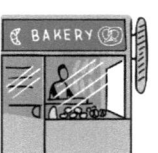

пекара

bakery

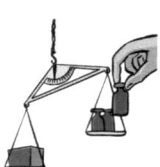

вагати

weigh

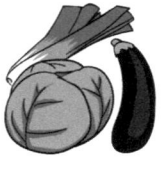

поврће

vegetables

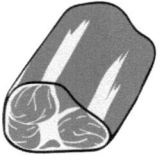

месо

meat

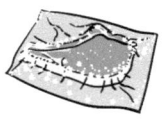

смрзнута храна

frozen food

нарезак

cold cuts

конзерве

canned food

средство за прање

detergent

слаткиши

candy

артикли за домаћинство

household products

средства за чишћење

c eaning products

продавачица

sales representative

благајна

cash register

благајник

cashier

листа за куповину

sɦopping list

време рада

opening hours

новчаник

wallet

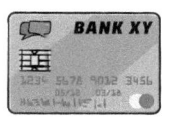

кредитна картица

c edit card

торба

bag

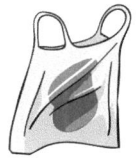

пластична кеса

plastic bag

вода

water

сок

juice

млеко

milk

кола

coke

вино

wine

пиво

beer

алкохол

alcohol

какао

cocoa

чај

tea

кава

coffee

еспресо

espresso

капућино

cappuccino

банана

banana

јабука

apple

наранџа

orange

лубеница

melon

лимун

lemon

шаргарепа

carrot

бели лук

garlic

бамбус

bamboo

лук

onion

гљива

mushroom

орашасти плодови

nuts

резанци

noodles

шпагете

spaghetti

рижа

rice

салата

salad

помфрит

fries

печени крумпир

fried potatoes

пица

pizza

хамбургер

hamburger

сендвич

sandwich

шницла

escalope

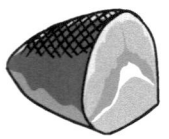

шунка

ham

салама

salami

кобасица

sausage

кокош

chicken

печење

roast

риба

fish

јело - food

зобене пахуљице

pɔrridge oats

мусли

muesli

кукурузне пахуљице

cornflakes

брашно

flour

кроасан

croissant

пециво

bread roll

хлеб

bread

тоаст

toast

кекси

cookies

маслац

butter

свежи сир

curd

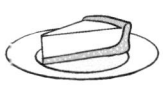

колач

cake

јаје

egg

јаје на око

fried egg

сир

cheese

сладолед

ice cream

шећер

sugar

мед

honey

мармелада

jelly

нугат крема

nougat cream

кари

curry

jeло - food

сеоско газдинство

farm

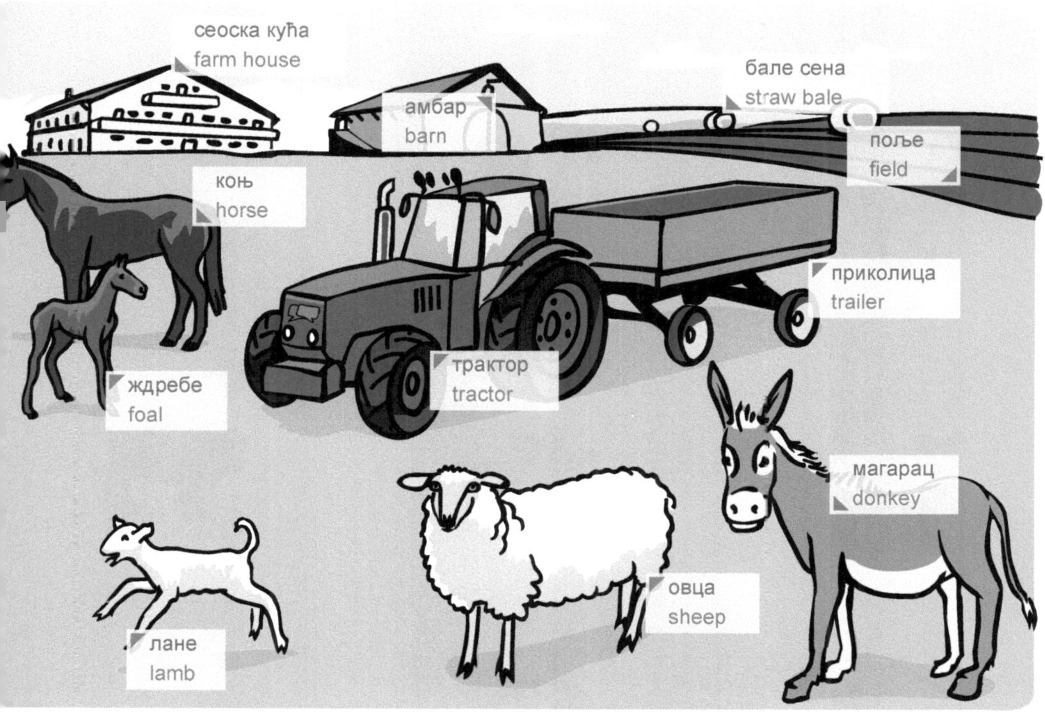
сеоска кућа
farm house
амбар
barn
бале сена
straw bale
поље
field
коњ
horse
приколица
trailer
ждребе
foal
трактор
tractor
магарац
donkey
овца
sheep
лане
lamb

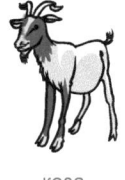

коза

goat

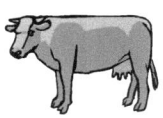

крава

cow

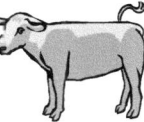

теле

calf

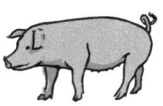

свиња

pig

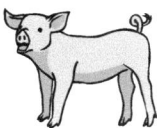

прасе

piglet

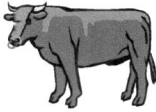

бик

bull

гуска

goose

патка

duck

пилићи

chick

кокош

hen

петао

cockerel

пацов

rat

мачка

cat

миш

mouse

вол

ox

пас

dog

кућица за пса

dog house

вртно црево

garden hose

канта за поливање

watering can

коса

scythe

плуг

plow

срп

sickle

мотика

hoe

виљушка за ђубриво

pitchfork

секира

axe

тачке

pushcart

корито

trough

посуда за млеко

milk can

вреħа

sack

ограда

fence

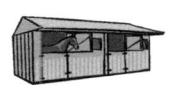

штала

stable

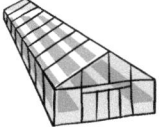

стакленик

greenhouse

земља

soil

семе

seed

ђубриво

fertilizer

комбајн

combine harvester

жети

harvest

жетва

harvest

јамс зачин

yams

пшеница

wheat

соја

soya

крумпир

potato

кукуруз

corn

уљана репица

rapeseed

воћка

fruit tree

гомољ маниоке

manioc

житарице

grain

кућа

house

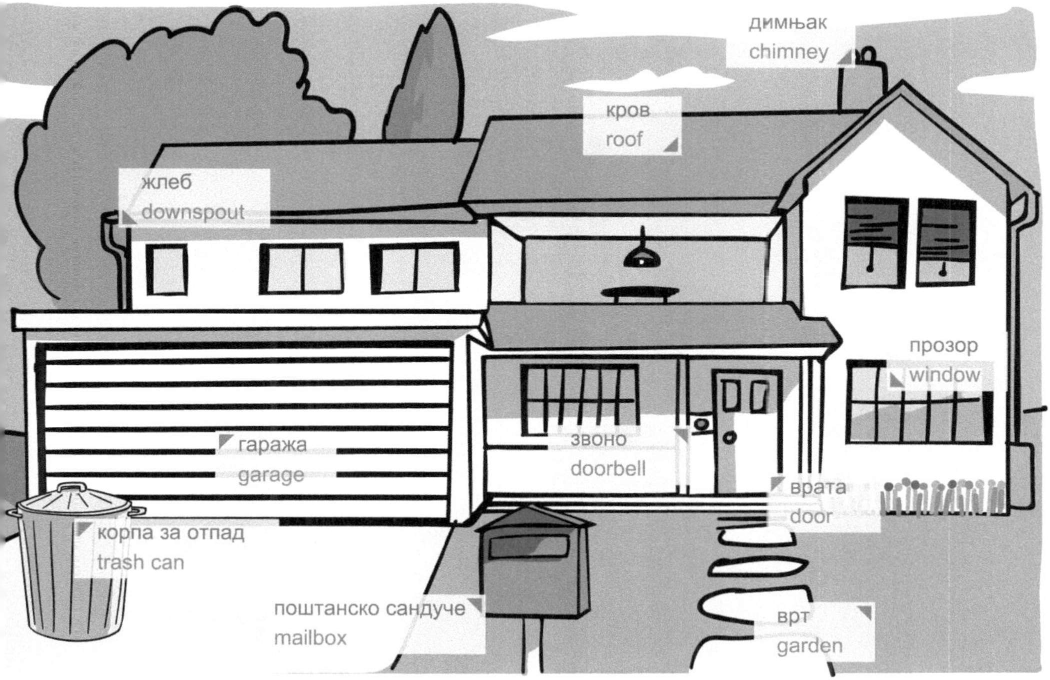

димњак
chimney
кров
roof
жлеб
downspout
прозор
window
гаража
garage
звоно
doorbell
врата
door
корпа за отпад
trash can
поштанско сандуче
mailbox
врт
garden

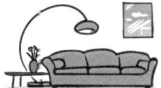

дневна соба

living room

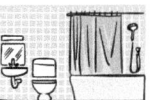

купаоница

bathroom

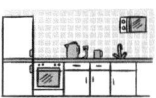

кухиња

kitchen

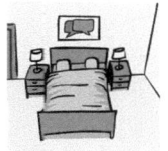

спаваћа соба

bedroom

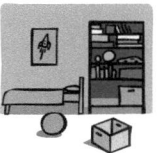

дечија соба

kids room

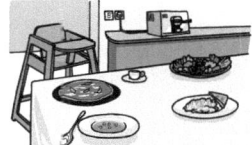

трпезарија

dining room

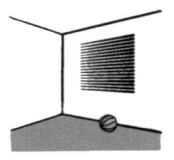

под

floor

зид

wall

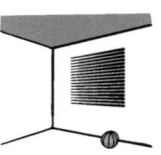

строп

ceiling

подрум

cellar

сауна

sauna

балкон

balcony

тераса

terrace

базен

pool

косилица за траву

lawn mower

постељина за кревет

sheet

дека за кревет

bedspread

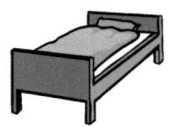

кревет

bed

метла

broom

канта

bucket

прекидач

switch

дневна соба

living room

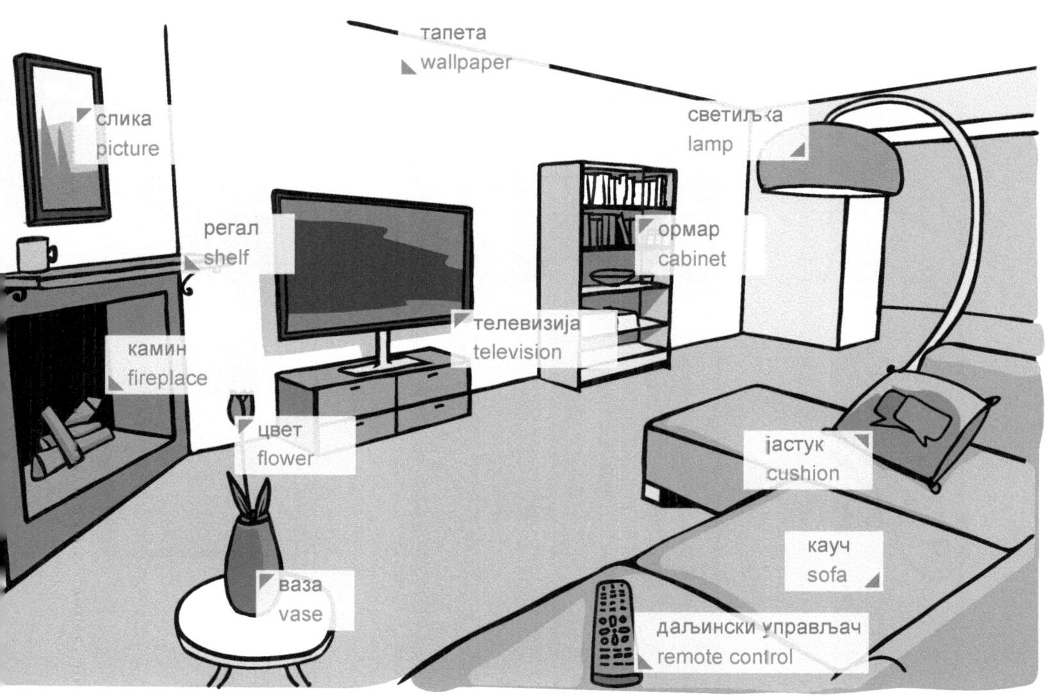

тапета
wallpaper
слика
picture
светиљка
lamp
регал
shelf
ормар
cabinet
телевизија
television
камин
fireplace
цвет
flower
јастук
cushion
кауч
sofa
ваза
vase
даљински управљач
remote control

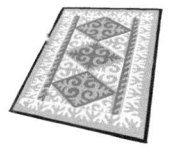

тепих

carpet

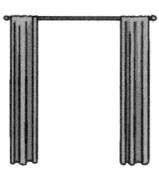

завеса

drape

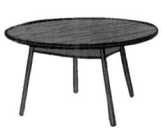

сто

table

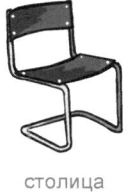

столица

chair

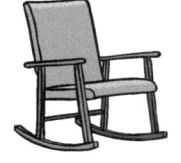

столица за њихање

rocking chair

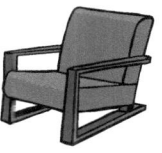

фотеља

armchair

књига

book

дека

blanket

декорација

decoration

дрво за огрев

firewood

филм

film

хи-фи уређај

stereo system

кључ

key

новине

newspaper

слика на платну

painting

постер

poster

радио

radio

блок за писање

notebook

усисивач

vacuum cleaner

кактус

cactus

свећа

candle

кухиња
kitchen

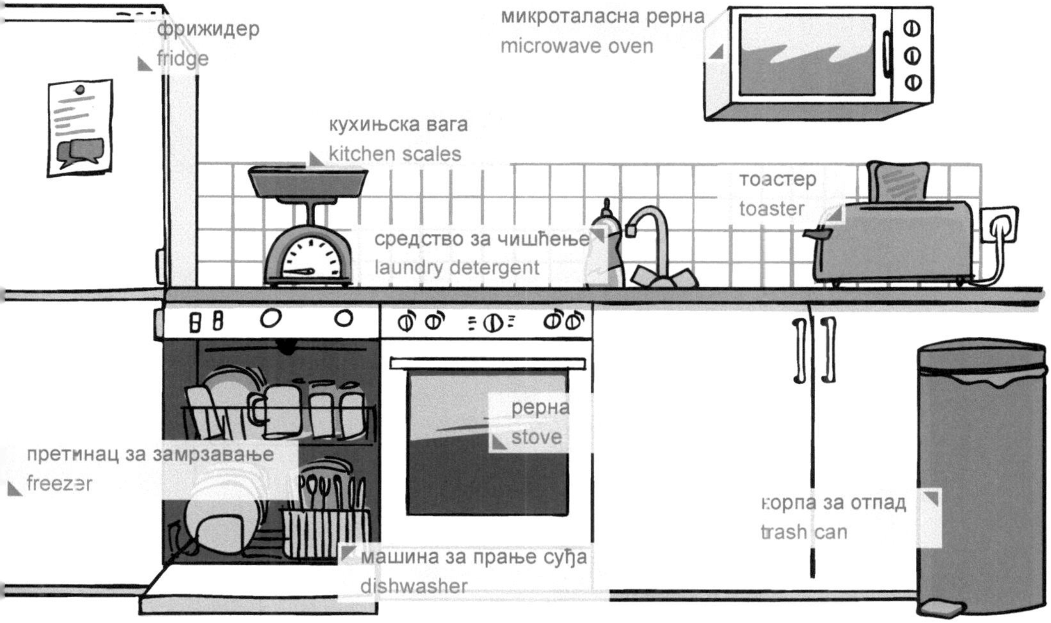
фрижидер
fridge
микроталасна рерна
microwave oven
кухињска вага
kitchen scales
тоастер
toaster
средство за чишћење
laundry detergent
рерна
stove
претинац за замрзавање
freezer
корпа за отпад
trash can
машина за прање суђа
dishwasher

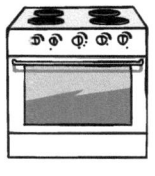

шпорет

cooker

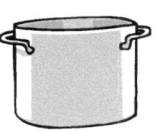

лонац

pot

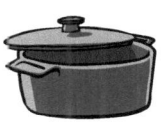

гвоздени лонац

cast-iron pot

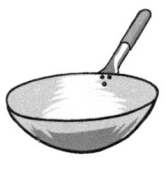

вок / кадаи

wok / kadai

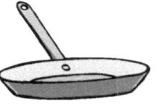

тава

pan

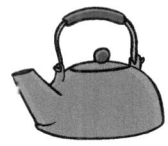

кувало за воду

kettle

кувало на пару

steamer

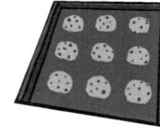

лим за печење

baking tray

посуђе

crockery

чаша

mug

посуда

bowl

штапићи за јело

chopsticks

кутлача

ladle

лопатица

spatula

пењача

whisk

сито за кување

strainer

сито

sieve

рибеж

grater

мужар

mortar

роштиљ

barbecue

огњиште

fireplace

даска
chopping board

оклагија
rolling pin

вадичеп
corkscrew

конзерва
can

отварач конзерви
can opener

крпа за лонац
oven cloth

судопер
sink

четка
brush

сунђер
sponge

миксер
blender

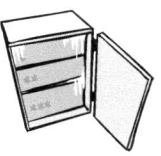

замрзивач
deep freezer

флашица за бебе
baby bottle

славина за воду
tap

купаоница

bathroom

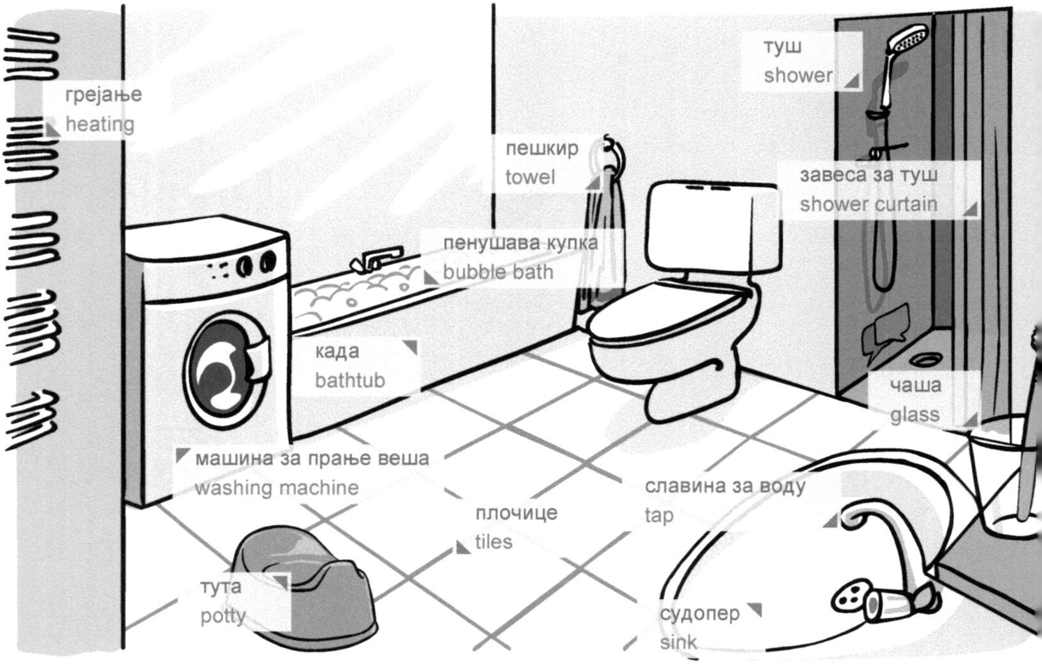

туш
shower
грејање
heating
пешкир
towel
завеса за туш
shower curtain
пенушава купка
bubble bath
када
bathtub
чаша
glass
машина за прање веша
washing machine
славина за воду
tap
плочице
tiles
тута
potty
судопер
sink

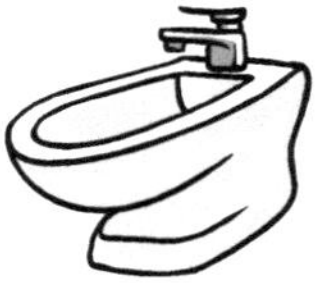

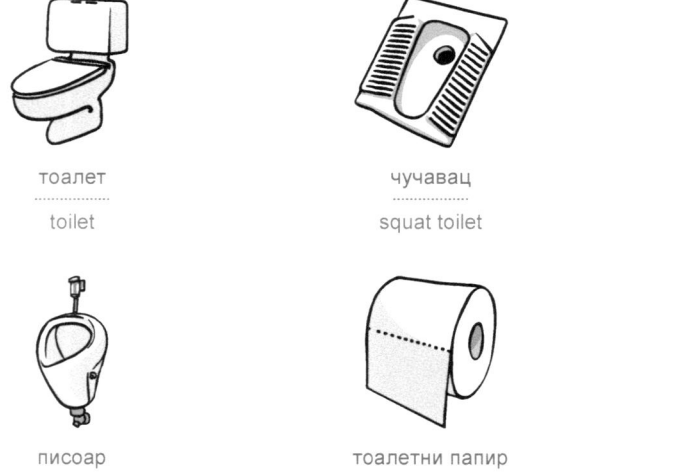

тоалет

toilet

чучавац

squat toilet

бидет

bidet

писоар

urinal

тоалетни папир

toilet paper

четка за тоалет

toilet brush

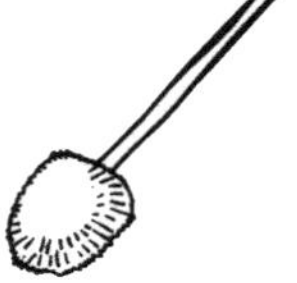

четкица за зубе

toothbrush

паста за зубе

toothpaste

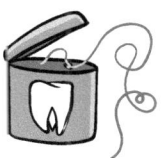

конац за зубе

dental floss

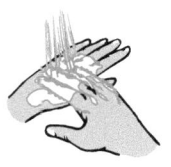

прати

wash

туш ручица

hand shower

туш за прање интимних делова

douche

лавор

basin

четка за прање леђа

back brush

сапун

soap

гел за туширање

shower gel

шампон

shampoo

крпа за прање

flannel

одвод

drain

крема

creme

дезодоранс

deodorant

огледало

mirror

козметичко огледало

hand mirror

бријач

razor

пена за бријање

shaving foam

лосион за после бријања

aftershave

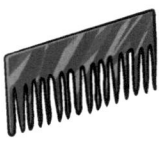

чешаљ

comb

четка

brush

фен за косу

hair-dryer

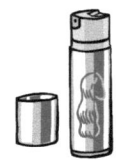

спреј за косу

hairspray

шминка

makeup

руж за усне

lipstick

лак за нокте

nail varnish

вата

cotton wool

маказе за нокте

nail scissors

парфем

perfume

козметичка торбица

washbag

столица

stool

вага

weighing scales

огртач

bathrobe

рукавице за чишћење

rubber gloves

тампон

tampon

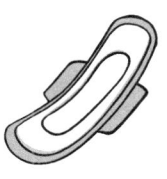

уложак

sanitary towel

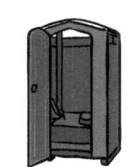

хемијски тоалет

chemical toilet

дечија соба

kids room

будилник
alarm clock
плишана играчка
cuddly toy
ауто играчка
toy car
звечка
rattle
кућица за лутке
doll's house
поклон
present

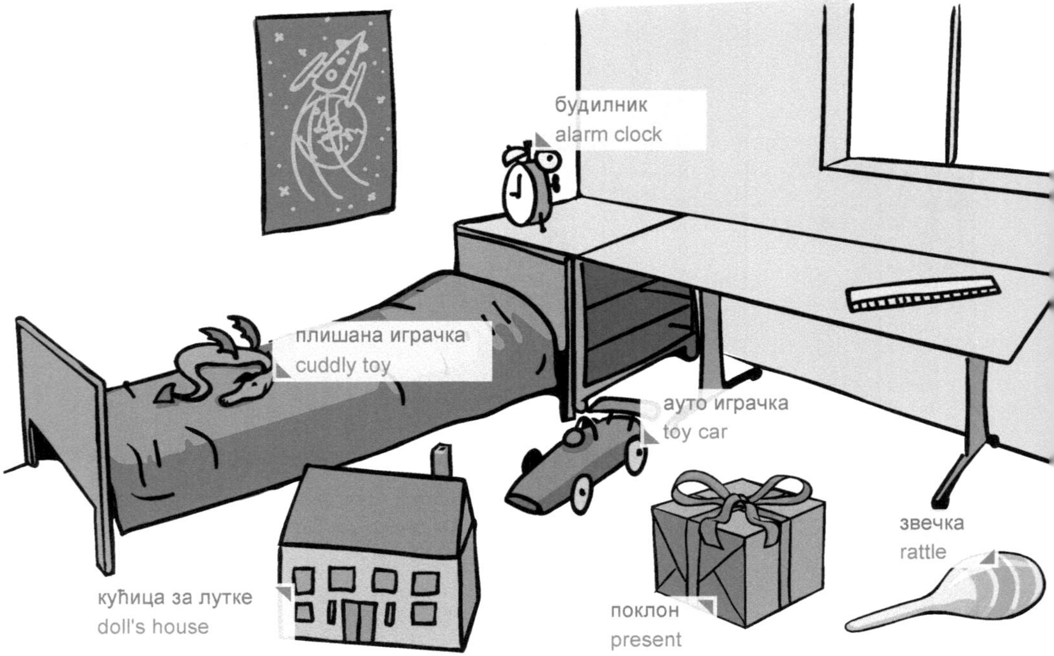

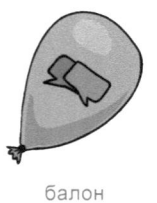

балон

balloon

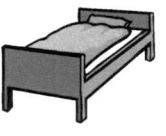

кревет

bed

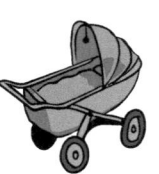

дјечија колица

stroller

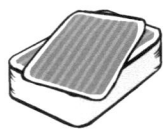

игра са картама

deck of cards

слагалица

jigsaw

SUPER
MEGA

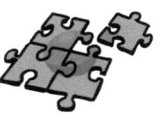

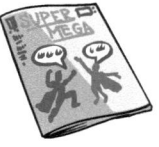

стрип

comic

лего коцкице

lego bricks

коцкице за слагање

toy blocks

акциони јунак

action figure

бенкица за бебе

romper suit

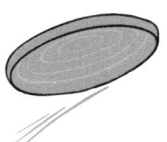

фризби

frisbee

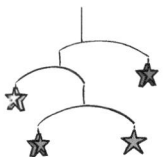

висеће играчке

mobile

друштвене игре

board game

коцка

dice

минијатурна жељезница

model train set

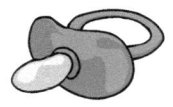

дуда

pacifier

забава

party

сликовница

picture book

лопта

ball

лутка

doll

играти

play

пешчаник

sandpit

љуљачка

swing

играчка

toys

конзола за игре

video game console

трицикл

tricycle

теди

teddy bear

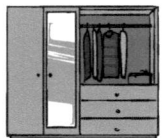

ормар

wardrobe

одећа

clothing

кратке чарапе

socks

чарапе

stockings

хулахопке

tights

шал
scarf

кишобран
umbrella

мајица
t-shirt

каиш
belt

чизме
boots

папуче
slippers

патике
sneakers

сандале
sandals

ципеле
shoes

гумене чизме
rubber boots

гаћице
underwear

грудњак
bra

поткошуља
undershirt

боди

body

панталоне

pants

фармерке

jeans

сукња

skirt

блуза

blouse

кошуља

shirt

џемпер

pullover

џемпер с капуљачом

sweater

сако

blazer

јакна

jacket

мантил

coat

кабаница

raincoat

костим

costume

хаљина

dress

венчаница

wedding dress

одело

suit

спаваћица

nightgown

пиџама

pajamas

сари

sari

марама за главу

headscarf

турбан

turban

бурка

burka

кафтан

kaftan

абаја

abaya

купаћи костим

swimsuit

купаће гаћице

trunks

кратке панталоне

shorts

одећа за тренинг

tracksuit

кецеља

apron

рукавице

gloves

дугме

button

наочаре

glasses

наруквица

bracelet

огрлица

necklace

прстен

ring

наушница

earring

капа

cap

вешалица

coat hanger

шешир

hat

кравата

tie

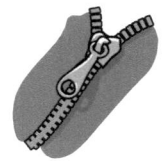

патент затварач

zip

кацига

helmet

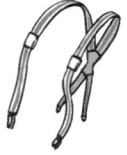

нараменице

braces

школска униформа

school uniform

униформа

uniform

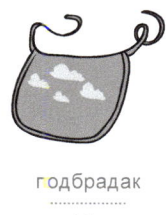

подбрадак

bib

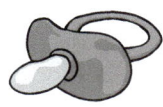

дуда

pacifier

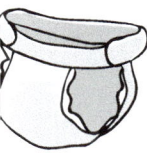

пелена

diaper

канцеларија
office

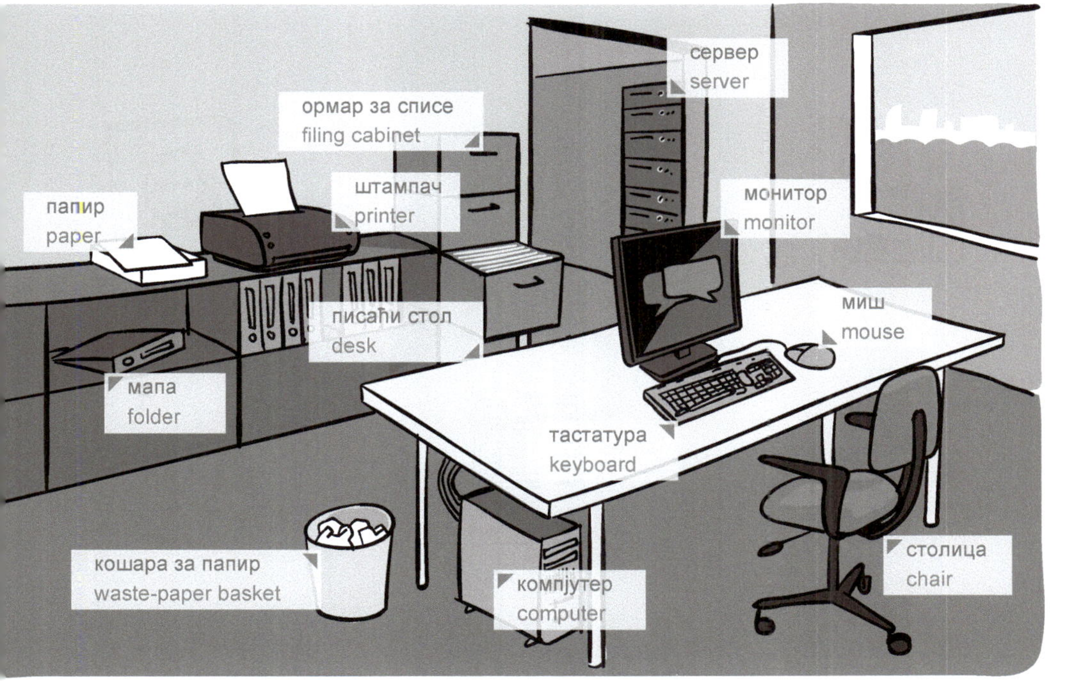

сервер
server
ормар за списе
filing cabinet
штампач
printer
папир
paper
монитор
monitor
писаћи сто
desk
миш
mouse
мапа
folder
тастатура
keyboard
кошара за папир
waste-paper basket
компјутер
computer
столица
chair

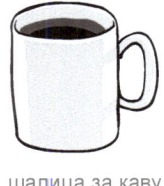

шалица за каву

coffee mug

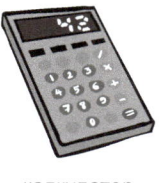

калкулатор

calculator

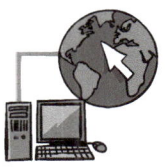

интернет

internet

лаптоп

laptop

писмо

letter

порука

message

мобилни телефон

cell phone

мрежа

network

уређај за копирање

photocopier

софтвер

software

телефон

telephone

утичница

plug socket

факс

fax machine

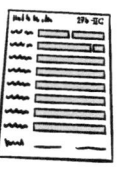

формулар

form

документ

document

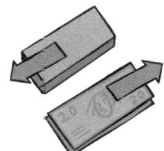

куп
вати

buy

платити

pay

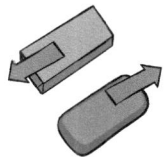

трговати

trade

новац

money

долар

dollar

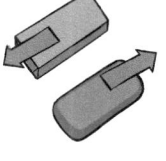

евро

euro

јен

yen

рубља

rouble

швајцарски франак

Swiss franc

ренминдби јуан

ren minbi yuan

рупија

rupee

аутомат за новац

cash point

мењачница

currency exchange office

злато

gold

сребро

silver

нафта

oil

енергија

energy

цена

price

уговор

contract

порез

tax

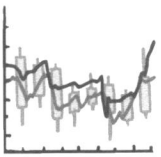

деонице

stock

радити

work

службеник

employee

послодавац

employer

фабрика

factory

продавница

shop

полицајац
police officer

ватрогасац
fireman

пилот
pilot

лекар
doctor

кувар
cook

вртлар

gardener

столар

carpenter

кројачица

seamstress

судија

judge

хемичар

chemist

глумац

actor

возач аутобуса

bus driver

возач таксија

taxi driver

рибар

fisherman

чистачица

cleaning lady

кровопокривач

roofer

конобар

waiter

ловац

hunter

сликар

painter

пекар

baker

електричар

electrician

грађевински радник

builder

инжењер

engineer

месар

butcher

лимар

plumber

поштар

postman

војник

soldier

архитекта

architect

благајник

cashier

цвећар

florist

фризер

hairdresser

кондуктер

conductor

механичар

mechanic

капетан

captain

зубар

dentist

научник

scientist

раби

rabbi

имам

imam

монах

monk

свећеник

pastor

алати
tools

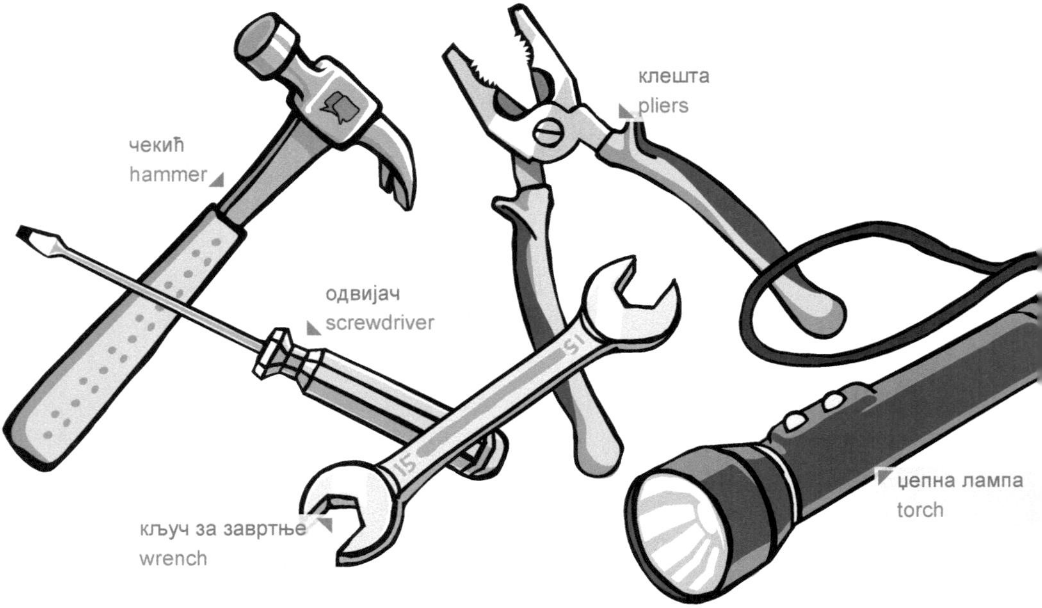
клешта
pliers
чекић
hammer
одвијач
screwdriver
ципна лампа
torch
кључ за завртње
wrench

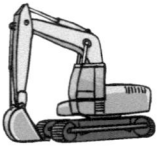

багер

excavator

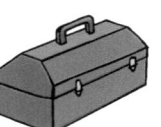

кутија за алат

toolbox

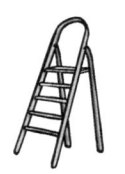

мердевине

ladder

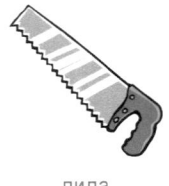

пила

saw

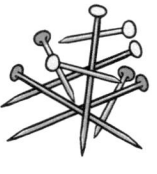

ексер

nails

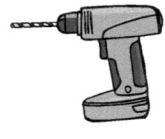

бушилица

drill

поправити

repair

лопата

shovel

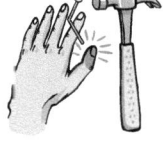

до ђавола!

Damn!

лопатица

dustpan

лонац за боју

paint can

завртањи

screws

музички инструмент
musical instruments

звучник
loud speaker

бубњеви
drum set

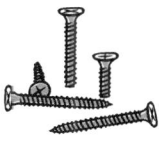

гитара
guitar

контрабас
double bass

труба
trumpet

клавир

piano

виолина

violin

бас

bass

тимпани

timpani

удараљке за бубњеве

drums

типке клавира

keyboard

саксофон

saxophone

флаута

flute

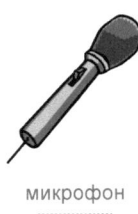

микрофон

microphone

зоолошки врт

zoo

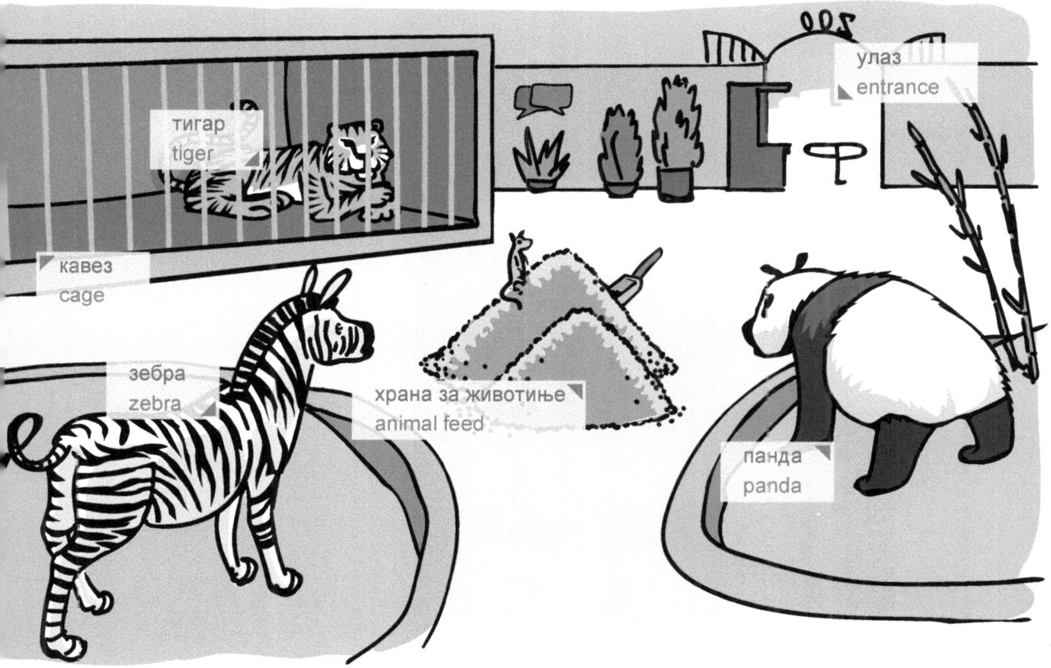
тигар
tiger
улаз
entrance
кавез
cage
зебра
zebra
храна за животиње
animal feed
панда
panda

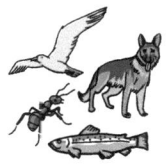

животиње

animals

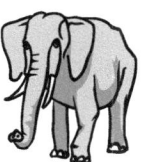

слон

elephant

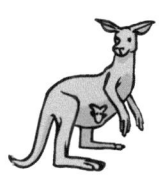

кенгур

kangaroo

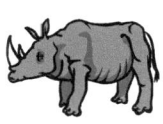

носорог

rhino

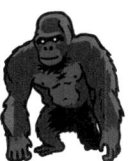

горила

gorilla

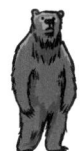

медвед

bear

камила

camel

нoj

ostrich

лав

lion

мajмун

monkey

фламинго

flamingo

папагаj

parrot

поларни медвед

polar bear

пингвин

penguin

аjкула

shark

паун

peacock

змиja

snake

крокодил

crocodile

чувар у зоолошком врту

zookeeper

туљан

seal

jагуар

jaguar

пони

pony

леопард

leopard

нилски коњ

hippo

жирафа

giraffe

орао

eagle

дивља свиња

boar

риба

fish

корњача

turtle

морж

walrus

лисица

fox

газела

gazelle

спорт

sports

амерички ногомет
American football

бициклизам
cycling

тенис
tennis

кошарка
basketball

пливање
swimming

бокс
boxing

хокеј на леду
ice hockey

фудбал
soccer

бадминтон
badminton

атлетика
athletics

рукомет
handball

скијање
skiing

поло
polo

скочити
jump

смејати се
laugh

загрлити
hug

ићи
walk

певати
sing

сањати
dream

молити се
pray

пољубити
kiss

писати
write

цртати
draw

показати
show

гурати
push

дати
give

узети
take

имати

have

чинити

do

бити

be

стојати

stand

трчати

run

повлачити

pull

бацити

throw

падати

fall

лежати

lie

чекати

wait

носити

carry

седити

sit

облачити

get dressed

спавати

sleep

пробудити се

wake up

гледати

look at

плакати

cry

миловати

stroke

чешљати

comb

говорити

talk

разумети

understand

питати

ask

слушати

listen

пити

drink

јести

eat

поспремити

tidy up

волети

love

кухати

cook

возити

drive

летети

fly

активности - activities

пловити

sail

рачунати

calculate

читати

read

учити

learn

радити

work

венчати се

marry

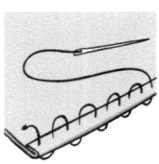

шити

sew

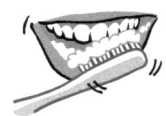

прати зубе

brush teeth

убити

kill

пушити

smoke

послати

send

активности - activities

породица

family

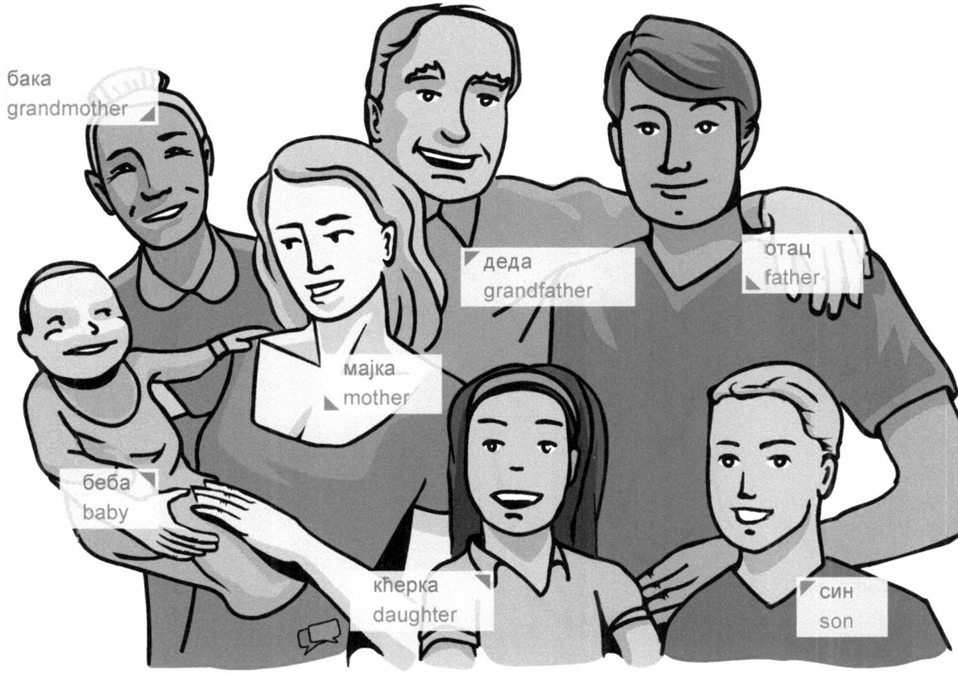

бака
grandmother
деда
grandfather
отац
father
мајка
mother
беба
baby
кћерка
daughter
син
son

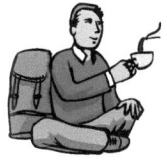

гост

guest

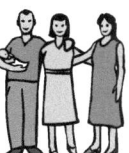

тетка

aunt

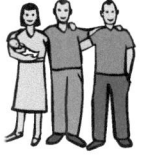

ујак, стриц

uncle

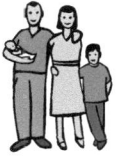

брат

brother

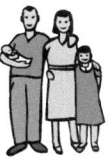

сестра

sister

тело

body

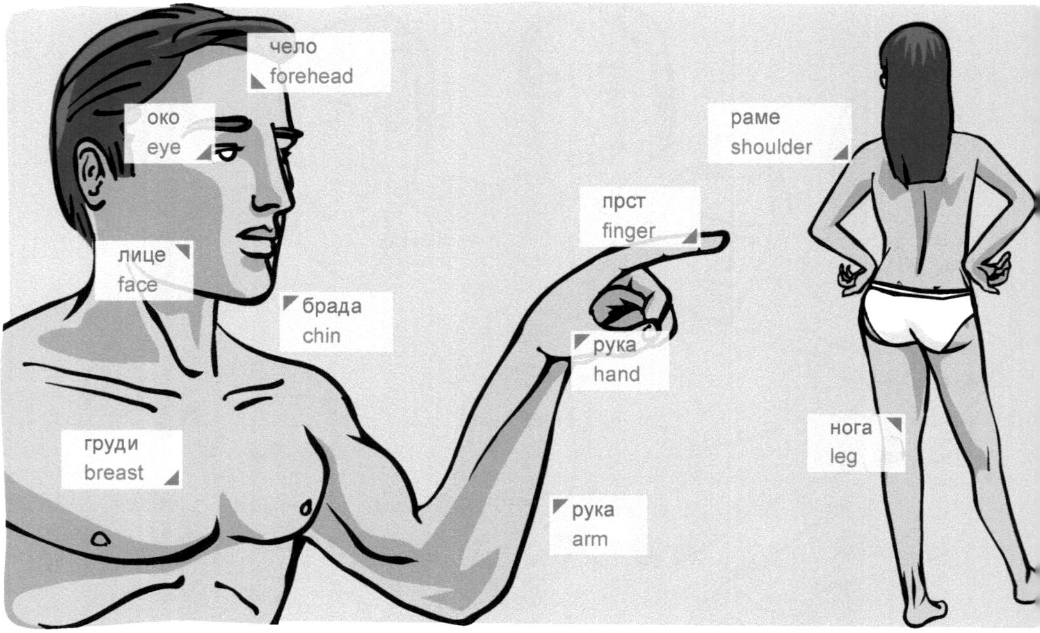

чело
forehead

око
eye

раме
shoulder

прст
finger

лице
face

брада
chin

рука
hand

груди
breast

нога
leg

рука
arm

беба

baby

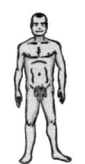

мушкарац

man

жена

woman

девојчица

girl

дечак

boy

глава

head

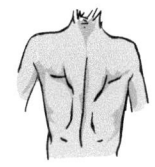

лећа

back

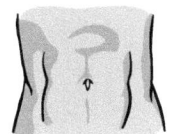

стомак

belly

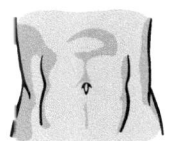

пупак

navel

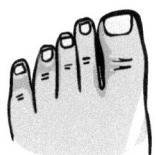

ножни прст

toe

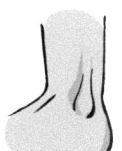

пета

heel

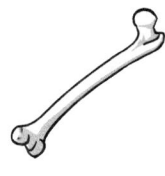

кост

bone

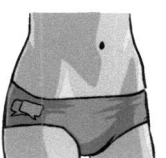

кукови

hip

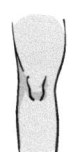

колено

knee

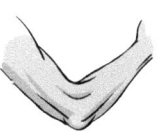

лакат

elbow

нос

nose

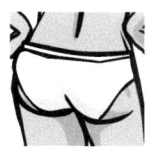

задњица

buttocks

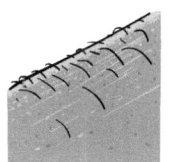

кожа

skin

образ

cheek

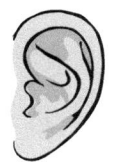

уво

ear

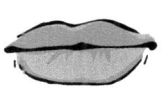

усна

lip

тело - body

уста

mouth

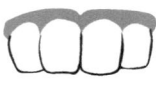

зуб

tooth

језик

tongue

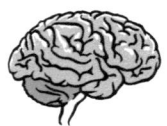

мозак

brain

срце

heart

мишић

muscle

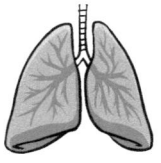

плућа

lung

јетра

liver

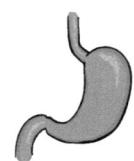

желудац

stomach

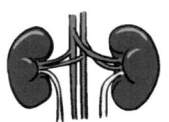

бубрези

kidneys

полни однос

sex

кондом

condom

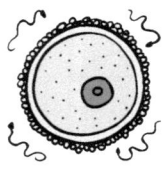

јајна ћелија

ovum

сперма

semen

трудноћа

pregnancy

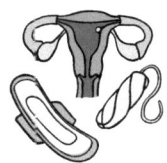

мэнструација

menstruation

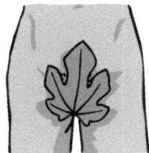

вагина

vagina

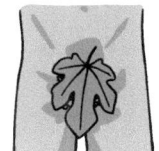

пенис

penis

обрва

eyebrow

коса

hair

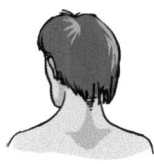

врат

neck

болница

hospital

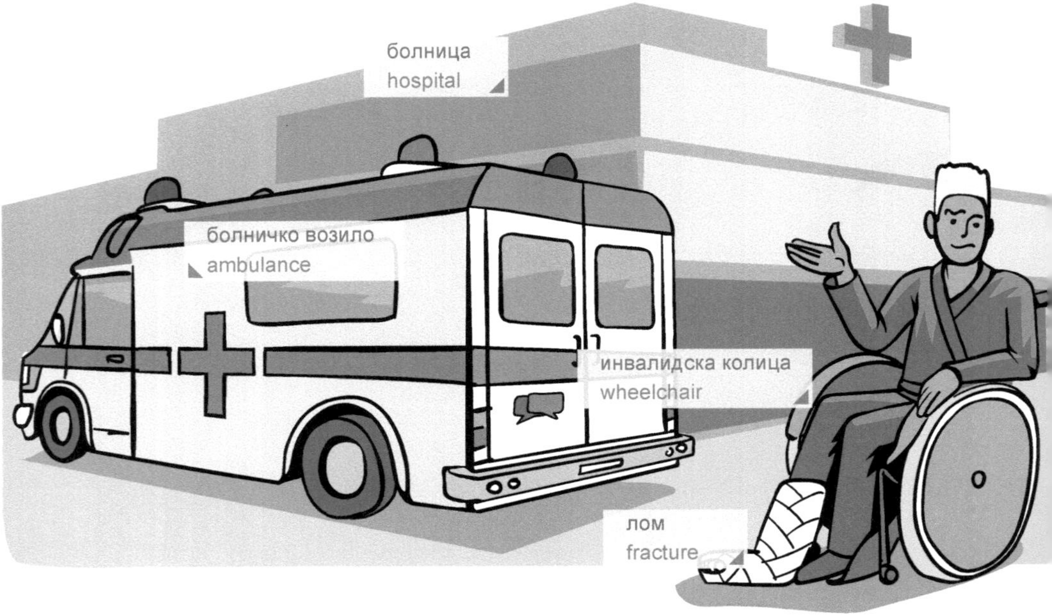

болница
hospital
болничко возило
ambulance
инвалидска колица
wheelchair
лом
fracture

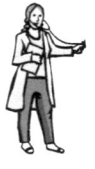

лекар

doctor

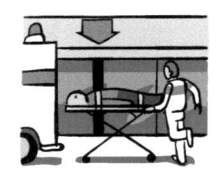

хитна медицинска служба

emergency room

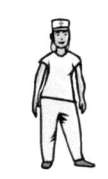

медицинска сестра

nurse

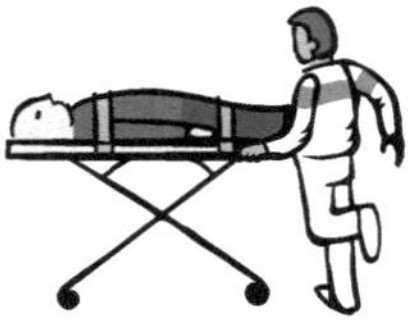

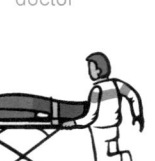

хитни случај

emergency

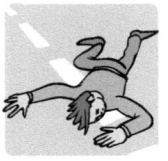

несвест

unconscious

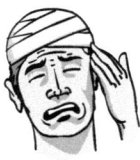

бол

pain

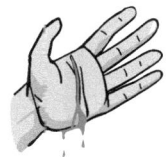

повреда

injury

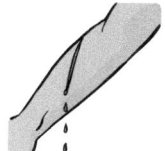

крварење

bleeding

срчани удар

heart attack

удар

stroke

алергија

allergy

кашаљ

cough

грозница

fever

грипа

flu

пролив

diarrhea

главобоља

headache

рак

cancer

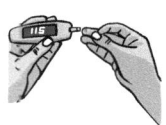

дијабетес

diabetes

хирург

surgeon

скалпел

scalpel

операција

operation

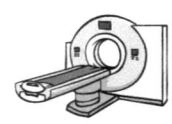

цт

CT

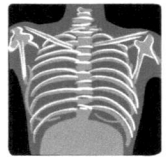

рентген

x-ray

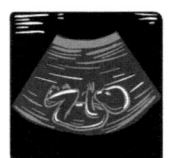

ултразвук

ultrasound

маска

face mask

болест

disease

чекаона

waiting room

штака

crutch

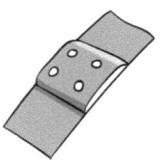

фластер

plaster

завој

bandage

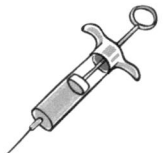

ињекција

injection

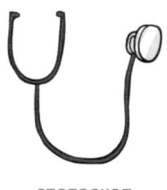

стетоскоп

stethoscope

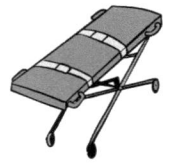

носила

stretcher

термометар

clinical thermometer

рођење

birth

прекомерна тежина

overweight

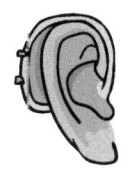

слушни апарат

hearing aid

средство за дезинфекцију

disinfectant

инфекција

infection

вирус

virus

хив / аидс

HIV / AIDS

медицина

medicine

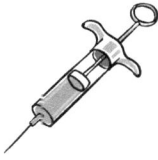

вакцинација

vaccination

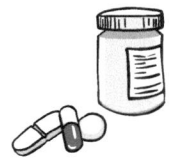

таблете

tablets

пилула

pill

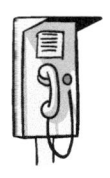

хитни позив

emergency call

уређај за мерење притиска

blood pressure monitor

болесно / здраво

ill / healthy

помоћ!

Help!

аларм

alarm

насртај

assault

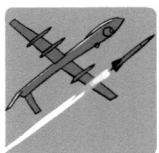

напад

attack

опасност

danger

излаз у случају нужде

emergency exit

пожар!

Fire!

противпожарни апарат

fire extinguisher

незгода

accident

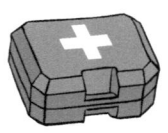

кутија прве помоћи

first-aid kit

сос

SOS

полиција

police

Европа

Europe

Северна Америка

North America

Јужна Америка

South America

Африка

Africa

Азија

Asia

Аустралија

Australia

Атлантик

Atlantic

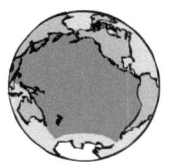

Пацифик

Pacific

Индијски океан

Indian Ocean

Антарктички океан

Antarctic Ocean

Арктички океан

Arctic Ocean

Северни рол

North pole

Јужни рол

South pole

Антарктик

Antarctica

земља

earth

земља

land

море

sea

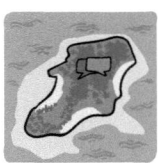

оток

island

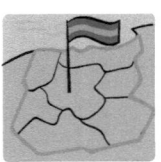

нација

nation

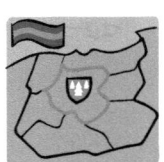

држава

state

земља - earth

брсјчаник сата

clock face

сатна казаљка

hour hand

минутна казаљка

minute hand

секундна казаљка

second hand

Колико је сати?

What time is it?

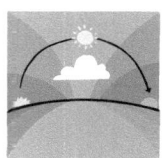

дан

day

време

time

сада

now

дигитални сат

digital watch

минута

minute

час

hour

понедељак
Monday

среда
Wednesday

петак
Friday

уторак
Tuesday

субота
Saturday

четвртак
Thursday

недеља
Sunday

јуче
yesterday

данас
today

сутра
tomorrow

јутро
morning

подне
noon

вече
evening

радни дани
workdays

викенд
weekend

киша
rain

дуга
rainbow

снег
snow

ветар
wind

пролеће
spring

лето
summer

јесен
fall

зима
winter

метеоролошка прогноза

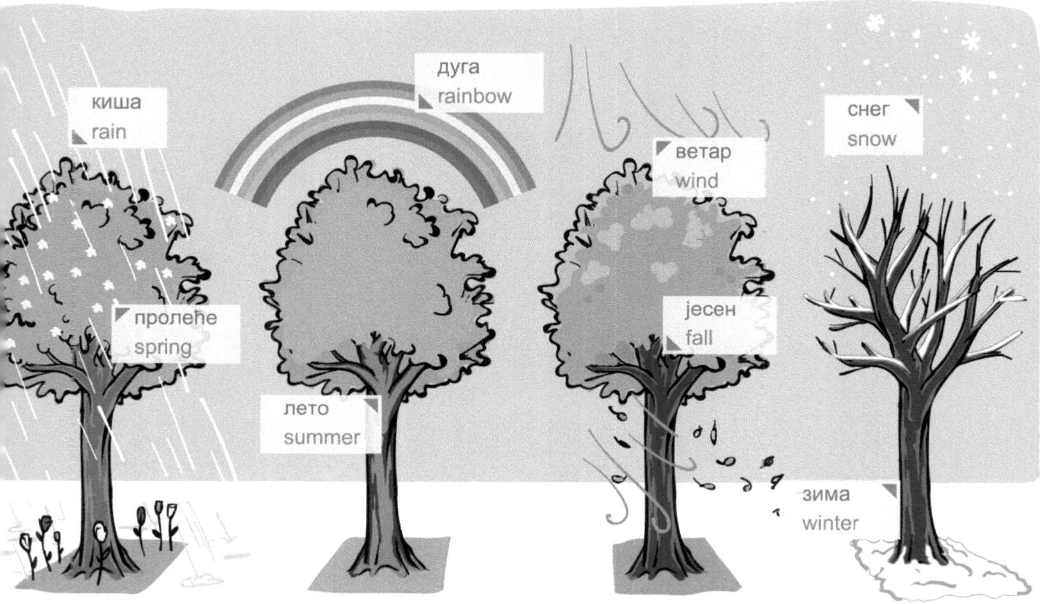

weather forecast

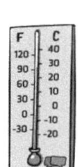

термометар

thermometer

сунчана светлост

sunshine

облак

cloud

магла

fog

влажност ваздуха

humidity

муња

lightning

грмљавина

thunder

олуја

storm

туча

hail

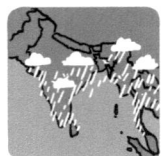

монсун

monsoon

поплава

flood

лед

ice

јануар

January

фебруар

February

март

March

април

April

мај

May

јуни

June

јули

July

август

August

година - year

септембар
September

октобар
October

новембар
November

децембар
December

облици
shapes

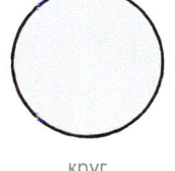

круг
circle

квадрат
square

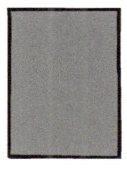

правоугао
rectangle

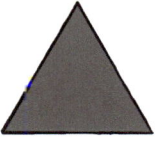

троугао
triangle

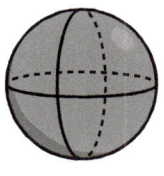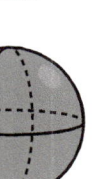

кугла
sphere

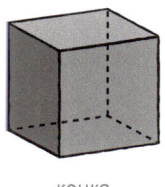

коцка
cube

бела

white

жута

yellow

наранџаста

orange

ружичаста

pink

црвена

red

љубичаста

purple

плава

blue

зелена

green

смеђа

brown

сива

gray

црна

black

мꞁого / мало

a lot / a little

љутито / мирно

angry / calm

лепо / ружно

beautiful / ugly

почетак / крај

beginning / end

велико / малено

big / small

светло / тамно

bright / dark

брат / сестра

brother / sister

чисто / прљаво

clean / dirty

потпуно / непотпуно

complete / incomplete

дан / ноћ

day / night

мртво / живо

dead / alive

широко / уско

wide / narrow

јестиво / нејестиво

edible / inedible

зло / добро

evil / kind

узбуђено / досадно

excited / bored

дебело / мршаво

fat / thin

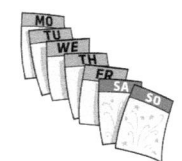

на почетку / на крају

first / last

пријатељ / непријатељ

friend / enemy

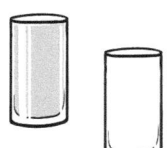

пуно / празно

full / empty

тврдо / мекано

hard / soft

тешко / лагано

heavy / light

глад / жеђ

hunger / thirst

болесно / здраво

ill / healthy

илегално / легално

illegal / legal

паметно / глупо

intelligent / stupid

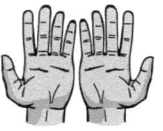

лево / десно

left / right

близу / далеко

near / far

ново / половно

new / used

ништа / нешто

nothing / something

старо / младо

old / young

укључено / искључено

on / off

отворено / затворено

open / closed

тихо / гласно

quiet / loud

богато / сиромашно

rich / poor

тачно / погрешно

right / wrong

храпаво / глатко

rough / smooth

тужно / сретно

sad / happy

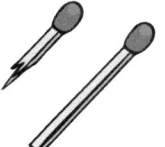

кратко / дуго

short / long

полако / брзо

slow / fast

мокро / сухо

wet / dry

топло / хладно

warm / cool

рат / мир

war / peace

0

нула

zero

1

један

one

2

два

two

3

три

three

4

четири

four

5

пет

five

6

шест

six

7

седам

seven

8

осам

eight

9

девет

nine

10

десет

ten

11

једанаест

eleven

12

дванаест

twelve

13

тринаест

thirteen

14

четрнаест

fourteen

15

петнаест

fifteen

16

шестнаест

sixteen

17

седамнаест

seventeen

18

осамнаест

eighteen

19

деветнаест

nineteen

20

двадесет

twenty

100

стотину

hundred

1.000

хиљаду

thousand

1.000.000

милион

million

енглески

English

амерички енглески

American English

мандарински кинески

Chinese Mandarin

хиндски

Hindi

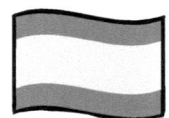

шпански

Spanish

француски

French

арапски

Arabic

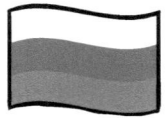

руски

Russian

португалски

Portuguese

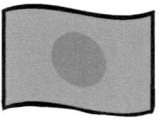

бенгалски

Bengali

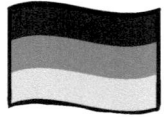

немачки

German

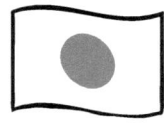

јапански

Japanese

ja

I

ти

you

он / она / оно

he / she / it

ми

we

ви

you

они

they

Ко?

who?

Шта?

what?

Како?

how?

Где?

where?

Када?

when?

име

name

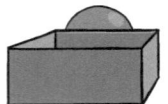

иза

behind

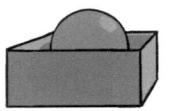

у

in

испред

in front of

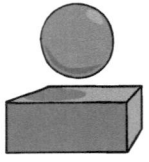

преко

over

на

on

испод

under

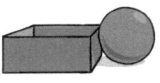

поред

beside

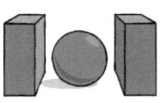

између

between

место

place